Druck: Se. Graf., Saonara
Bindung: Legatoria Zanardi, Padova

ISBN 978-3-85581-446-6

Der kleine Bär sucht das Glück

Erzählt von Waltraud Egitz
mit Bildern von Lucia Scuderi

bohem press

Eigentlich hätte der kleine Bär ganz zufrieden sein können mit seinem Leben. Er hatte alles, was sich ein Bärenherz nur wünschen konnte:
Eine kuschelige Höhle, in der er sich in der Nacht geborgen fühlte, eine Speisekammer, gefüllt mit süßen Beeren, und einen vollen Honigtopf, aus dem er nach Herzenslust naschen konnte.
Und trotzdem war der kleine Bär nicht glücklich. Irgendetwas fehlte in seinem Leben.

„Um das Glück musst du dich bemühen“,
sagte die Eule. „Geh hinaus und such danach!“
Früh am nächsten Morgen
machte sich der kleine Bär auf den Weg,
das Glück zu suchen.

Es war noch dämmrig.
Aber der gelbe Schein über den Bergen zeigte,
dass bald die Sonne aufgehen würde.
Die Luft war frisch und kühl, trotzdem war dem kleinen
Wanderer warm geworden – er hatte unbedingt den
schweren Honigtopf in seinen Rucksack packen müssen.

Der kleine Bär beschloss zu rasten.
Gleich neben dem Weg fand er einen geeigneten Platz.
Wie schön es hier war! Ein kleiner Bach schlängelte sich durch die Bäume und floss hinaus auf die Wiese.
Das Wasser gurgelte und gluckste.
Es drehte sich im Kreis und sprang über Steine, dass es nur so spritzte!

Der kleine Bär nahm einen großen Schluck Wasser
und naschte ein wenig aus seinem Honigtopf.
Eine Biene summte und setzte sich auf eine
Sumpfdotterblume; in der Baumkrone zwitscherten
die Vögel und begrüßten den neuen Tag.
Der kleine Bär fühlte sich glücklich und zufrieden.
Fast wäre er eingeschlafen.
Aber er hatte sich doch aufgemacht,
das Glück zu finden!

Er wanderte weiter, als ihm – plumps – etwas auf den Kopf fiel. Erstaunt blickte er sich um. Wollte ihn ein Eichhörnchen necken und warf mit Nüssen nach ihm? Da bemerkte er einen Vogel, der aufgeregt über ihm herumflatterte und ängstlich zwitscherte.
Der kleine Bär fuhr sich mit der Pranke über den Kopf – und was zog er aus seinem Pelz? Ein Vogeljunges! Es piepste jämmerlich und rief nach seiner Mutter. Allein konnte es nicht mehr zurück ins Nest.

Vorsichtig zog sich der kleine Bär an den Ästen des Baumes hoch bis zum Vogelnest und setzte den kleinen Ausreißer zu seinen Geschwistern zurück. Er hatte einem Vogel das Leben gerettet. Was war das für ein wunderbares Gefühl!

Gegen Abend kam der kleine Bär zu einem Teich. Das Wasser war bedeckt von Seerosen und darauf saßen Frösche. Große, grüne Frösche!
Auch am Ufer konnte der kleine Bär jetzt einige entdecken. Und sie gaben ein Konzert.
„Quak, quak!", tönte es von allen Seiten.
„Quak, quak!", sang der dicke Frosch unter den Holunderzweigen.
„Quak, quak, quak!", antworteten viele helle Stimmen aus dem Wasser.
Wie schade, dass ich nicht singen kann, dachte der kleine Bär. Er nahm einen Stock und klopfte damit im Takt gegen einen Baumstamm.
Den Fröschen schien das zu gefallen.
Sie nickten ihm anerkennend zu.
Der kleine Bär war glücklich. Die Frösche hatten ihn in ihre Musikkappelle aufgenommen.

Nach und nach verstummten die Tiere.
Der kleine Bär legte den Stock weg
und nahm seinen Rucksack.
„Auf Wiedersehen, Frösche!“, rief er.
Er machte sich auf, einen Platz zum
Schlafen zu suchen.

Bald kam er zu einer Höhle.
Er beschnupperte den Eingang. So konnte er erkennen, ob hier bereits jemand wohnte.
Da erschien zwischen den Baumstämmen ein großer Bär und trottete geradewegs auf die Höhle zu.

„Ich wusste nicht, dass du hier wohnst", entschuldigte sich der kleine Bär. „Ich suche einen Schlafplatz."
„Hast du denn kein Zuhause?", fragte der große Bär.
„Doch. Aber ich bin unterwegs, das Glück zu suchen", antwortete der kleine Bär.
„Komm zu mir in meine Höhle. Wir haben beide darin Platz", sagte der große Bär.

Der kleine Bär war froh, dass der große Bär ihn aufgenommen hatte. Später erzählte er, was er heute alles erlebt hatte:
wie er gemütlich am Bach gerastet hatte,
wie er dem Vogeljungen das Leben gerettet
und wie er mit den Fröschen am Teich ein Konzert gegeben hatte.

„Und bist du dabei nicht glücklich gewesen?", fragte der große Bär. Der kleine Bär dachte nach. „Doch", antwortete er schließlich erstaunt. „Das Glück findet sich in vielen kleinen Dingen. Du musst nur die Augen aufmachen, dann wirst du es auch sehen", meinte der große Bär.

Der kleine Bär kuschelte sich dicht an das warme Fell des großen Bären. Er war glücklich und geborgen. Und das Schönste war: Bei seiner Suche nach dem Glück hatte er einen Freund gefunden.

Und das war wohl
das größte Glück!